Impressum
Verlag: BABADADA GmbH, Nedderfeld 112 , 22529 Hamburg
Geschäftsführer / Verlagsleitung: Harald Hof
Druck: Books on Demand GmbH, In de Tarpen 42, 22848 Norderstedt

Imprint
Publisher: BABADADA GmbH, Nedderfeld 112 , 22529 Hamburg, Germany
Managing Director / Publishing direction: Harald Hof
Print: Books on Demand GmbH, In de Tarpen 42, 22848 Norderstedt, Germany

de School

escola

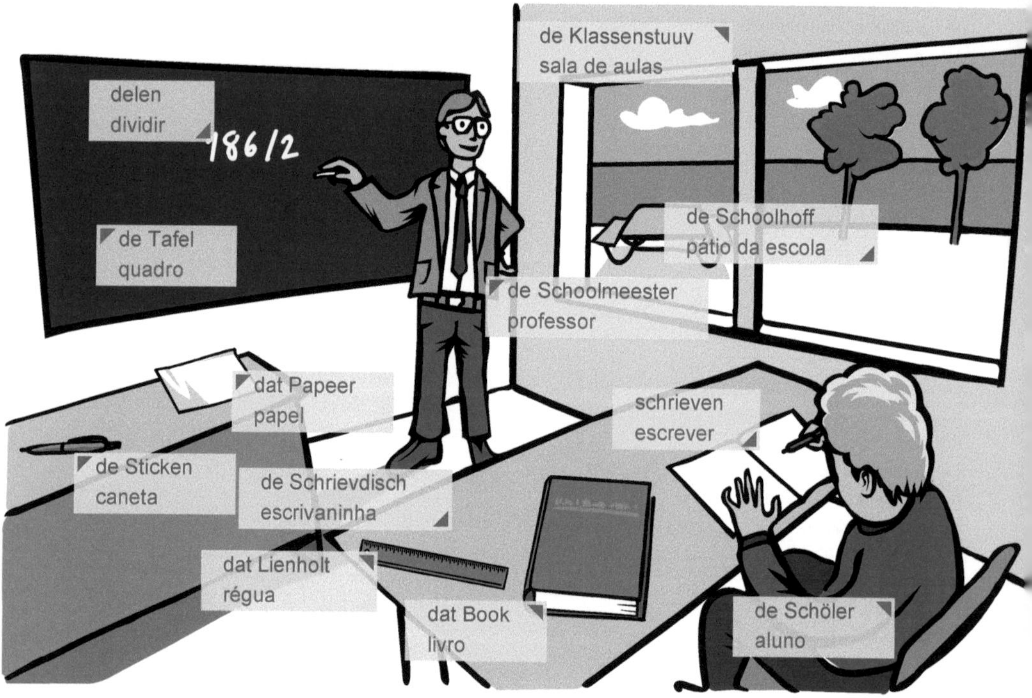

de Klassenstuuv
sala de aulas
delen
dividir
186/2
de Tafel
quadro
de Schoolhoff
pátio da escola
de Schoolmeester
professor
dat Papeer
papel
schrieven
escrever
de Sticken
caneta
de Schrievdisch
escrivaninha
dat Lienholt
régua
dat Book
livro
de Schöler
aluno

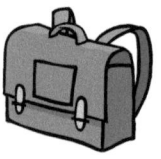

de Ranzel

sacola

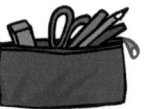

de Feddermapp

estojo de lápis

de Bleesticken

lápis

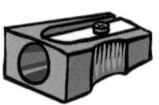

de Scharpmaker

apontador de lápis

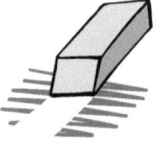

dat Radeergummi

borracha

de Tekenblock

bloco de desenho

de Teken
desenho

de Pinsel
pincel

de Malkassen
estojo de tintas

de Scheer
tesoura

de Klever
cola

dat Heft to'n Öven
livro de exercícios

de Huusopgaav
lição de casa

12

de Tall
número

2+2

tohooptellen
somar

5-2

aftrecken
subtrair

2×2

malnehmen
multiplicar

reken
calcular

A

de Bookstaav
letra

ABCDEFG HIJKLMN OPQRSTU VWXYZ

dat ABC
alfabeto

dat Woort
palavra

de Text
texto

lesen
ler

de Kried
giz

de Stunn
hora

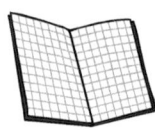

dat Klassenbook
registro da classe

de Pröven
exame

dat Tüügnis
certificado

de Schooluniform
uniforme escolar

de Utbillen
educação

dat Nakieksel
enciclopédia

de Universität
universidade

dat Mikroskop
microscópio

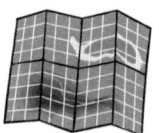

de Koort
mapa

de Papeerkorf
cesto de lixo

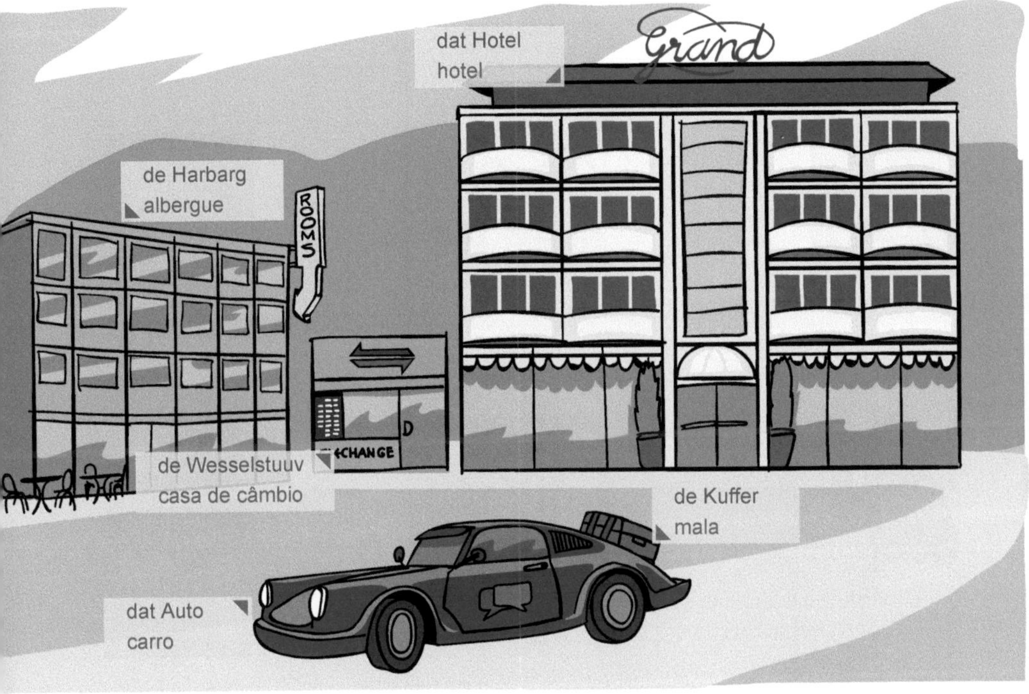

dat Hotel
hotel

de Harbarg
albergue

ROOMS

EXCHANGE

de Wesselstuuv
casa de câmbio

de Kuffer
mala

dat Auto
carro

de Spraak

idioma

jo / ne

sim / não

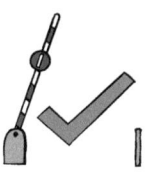

Jo

ok

Moin

Olá

de Översetter

tradutor

Dank ok

obrigado

Wat kost...?

quanto custa...?

Ik verstah nich

eu não entendo

dat Problem

problema

Goden Avend

boa noite!

Moin!

Bom dia!

Gode Nacht!

Boa noite!

Tschüüs

até logo

de Richt

direção

de Bagaasch

bagagem

de Tasch

bolsa

de Rüchsack

mochila

de Gast

convidado

de Stuuv

quarto

de Slaapsack

saco de dormir

dat Telt

barraca

e Touristeninformatschoon

informação turística

de Strand

praia

de Kreditkoort

cartão de crédito

dat Fröhstück

café da manhã

dat Meddageten

almoço

dat Avendeten

jantar

de Fohrkort

bilhete

de Fohrstohl

elevador

de Breefmark

selo

de Grenz

fronteira

de Toll

alfândega

de Bottschop

embaixada

dat Visum

visto

de Pass

passaporte

de Transport

transporte

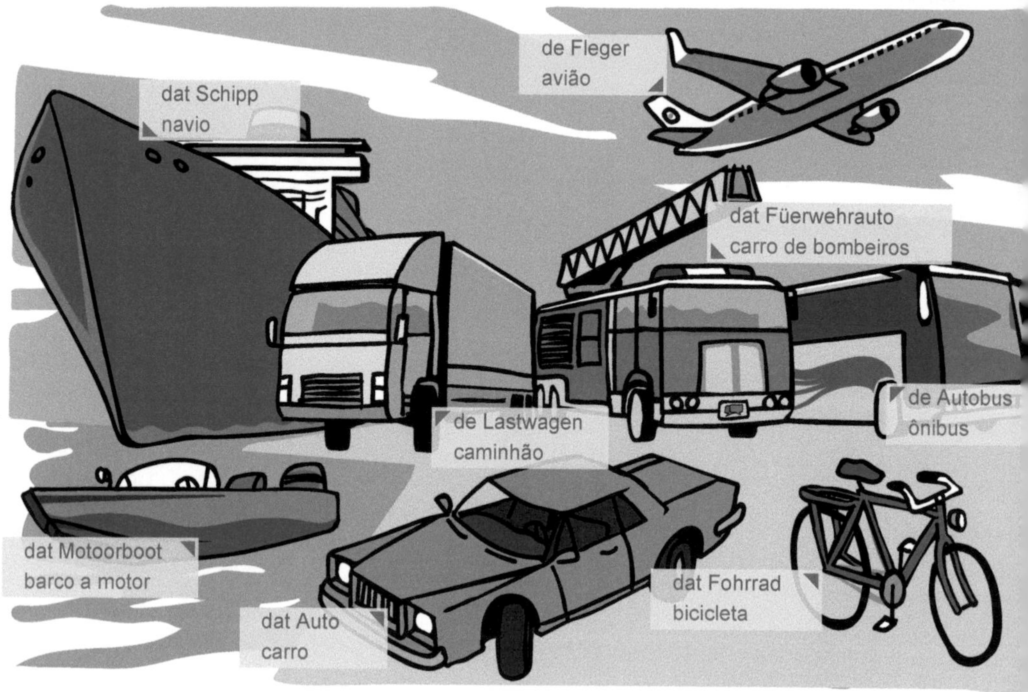
de Fleger
avião
dat Schipp
navio
dat Füerwehrauto
carro de bombeiros
de Lastwagen
caminhão
de Autobus
ônibus
dat Motoorboot
barco a motor
dat Auto
carro
dat Fohrrad
bicicleta

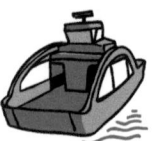

de Fähr

balsa

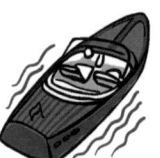

dat Boot

barco

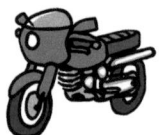

dat Motoorrad

motocicleta

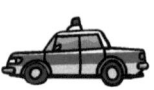

dat Polizeiauto

veículo policial

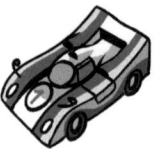

dat Rönnauto

carro de corrida

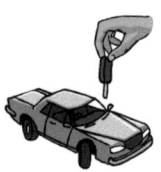

de Lehnwagen

carro de aluguel

dat Carsharing

compartilhamento de automóvel

de Afsleepwagen

caminhão de reboque

dat Müllauto

caminhão de lixo

de Motoor

motor

de Kraftstoff

combustível

de Tanksteed

posto de gasolina

dat Verkehrsschild

placa de trânsito

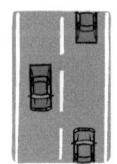

de Verkehr

trânsito

de Stau

trânsito lento

de Afstellplatz

estacionamento

de Bahnhoff

estação de trem

de Sporen

trilhos

de Tog

trem

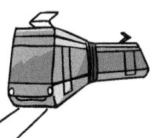

de Stratenbahn

bonde

de Wagon

vagão

de Dwarsmöhl

helicóptero

de Flooghaven

aeroporto

de Tower

torre

de Fohrgast

passageiro

de Grootkist

contêiner

de Karton

cartolina

de Koor

carroça

de Korf

cesto

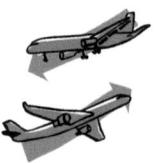

starten / lannen

decolar / pousar

de Stadt

cidade

dat Dörp

vilarejo

de Binnenstadt

centro da cidade

dat Huus

casa

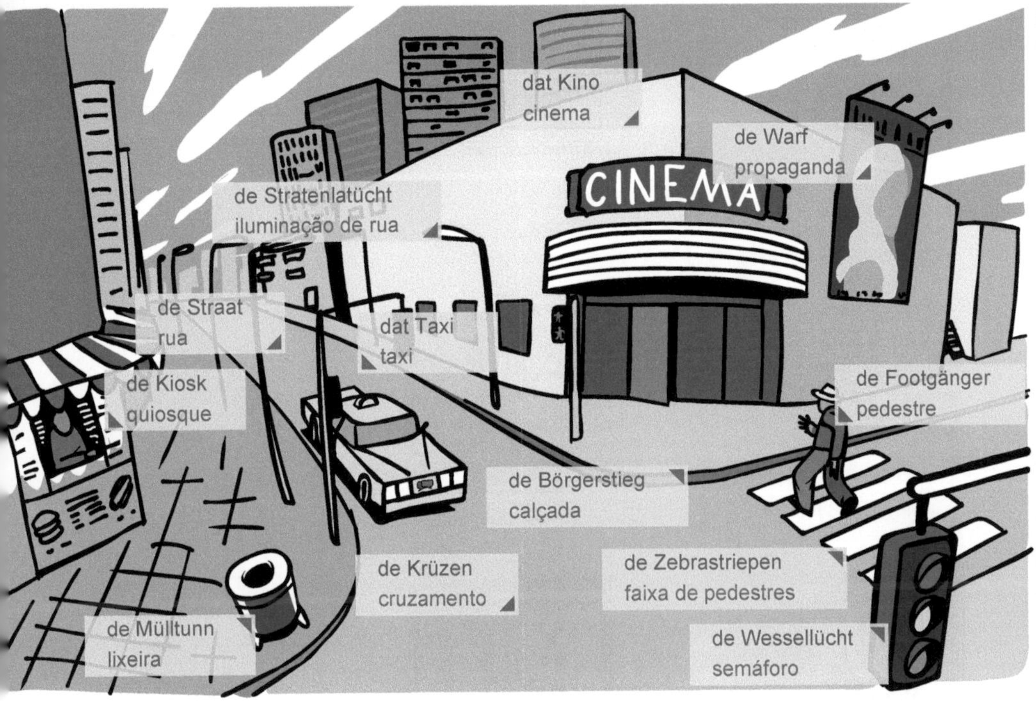

dat Kino
cinema

de Warf
propaganda

de Stratenlatücht
iluminação de rua

CINEMA

de Straat
rua

dat Taxi
taxi

de Footgänger
pedestre

de Kiosk
quiosque

de Börgerstieg
calçada

de Krüzen
cruzamento

de Zebrastriepen
faixa de pedestres

de Mülltunn
lixeira

de Wessellücht
semáforo

de Hütt
....
cabana

de Wahnung
....
apartamento

de Bahnhoff
....
estação de trem

dat Raathuus
....
prefeitura

dat Museum
....
museu

de School
....
escola

de Stadt - cidade

11

de Universität
universidade

de Bank
banco

dat Krankenhuus
hospital

dat Hotel
hotel

de Afteek
farmácia

dat Büro
escritório

de Bookhökerie
livraria

de Hökerie
loja

de Blomenhökerie
floricultura

de Supermarkt
supermercado

de Markt
mercado

dat Koophuus
loja de departamentos

de Fischhökerie
peixaria

dat Inkoopszentrum
centro comercial

de Haven
porto

de Parkanlaag

parque

de Bank

banco

de Brüch

ponte

de Trepp

escadas

de Ünnergrundbahn

metrô

de Tunnel

túnel

de Busstoppsteed

ponto de ônibus

de Bar

bar

dat Spieslokal

restaurante

de Breefkassen

caixa de correspondência

dat Stratenschild

placa de rua

de Parkklock

parquímetro

de Deertenpark

zoológico

de Baadanstalt

piscina

de Moschee

mesquita

de Buernhoff

fazenda

de Ümweltversmudden

poluição

de Karkhoff

cemitério

de Kark

igreja

de Speelplatz

parquinho

de Tempel

templo

de Landschop

paisagem

dat Blatt
folha

de Wiespahl
placa de sinalização

de Weg
caminho

de Wisch
gramado

de Steen
pedra

de Boom
árvore

de Wannerer
caminhantes

de Fluss
rio

dat Gras
grama

de Bloom
flor

dat Daal

vale

de Barg

montanha

de See

lago

dat Holt

floresta

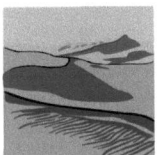

de Wööst

deserto

de Füerspien Barg

vulcão

dat Slott

castelo

de Regenbagen

arco-íris

de Poggenstohl

cogumelo

de Palm

palmeira

de Steekmück

mosquito

de Fleeg

mosca

de Miegeemk

formiga

de Imm

abelha

de Spinn

aranha

de Sebber

besouro

de Pogg

sapo

de Katteker

esquilo

de Swienegel

ouriço

de Haas

lebre

de Uul

coruja

de Vagel

pássaro

de Swaan

cisne

dat Wildswien

javali

de Hirsch

veado

de Elk

alce

de Staudamm

barragem

dat Windrad

aerogerador

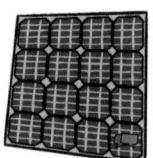

dat Solarmodul

painel solar

dat Klima

clima

dat Spieslokal
restaurante

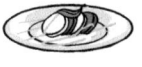

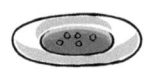

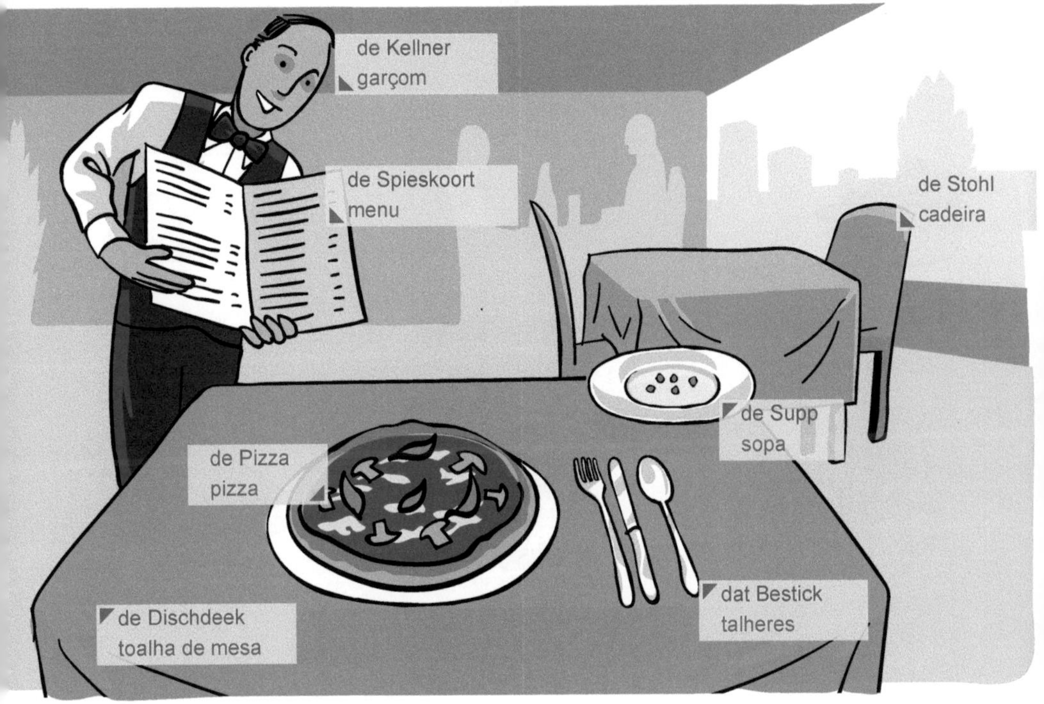
de Kellner
garçom
de Spieskoort
menu
de Stohl
cadeira
de Supp
sopa
de Pizza
pizza
dat Bestick
talheres
de Dischdeek
toalha de mesa

de Vörspies

entrada

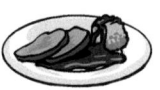

dat Haupteten

prato principal

de Nadisch

sobremesa

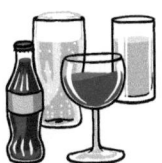

de Drünk

bebidas

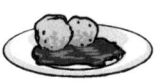

dat Eten

comida

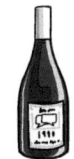

de Buddel

garrafa

dat Fastfood
fastfood

dat Strateneten
comida de rua

de Teekann
bule de chá

de Zuckerdoos
açucareiro

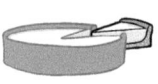

de Portschoon
porção

de Espressomaschien
máquina de expresso

de Hoochstohl
cadeirão

de Reken
conta

dat Tablett
bandeja

dat Mess
faca

de Gavel
garfo

de Lepel
colher

de Teelepel
colher de chá

dat Munddook
guardanapo

dat Glas
copo

de Töller

prato

de Suppentöller

prato de sopa

de Ünnertass

pires

de Sooß

molho

de Soltstreuer

saleiro

de Pepermöhl

moedor de pimenta

de Etig

vinagre

dat Ööl

óleo

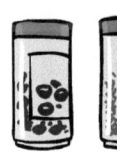

de Krüder

especiarias

de Ketchup

ketchup

de Mostrich

mostarda

de Mayonnaise

maionese

de Supermarkt
supermercado

dat Anbott
oferta especial
FOR
de Kunn
cliente
de Melkprodukten
laticínios
dat Aaft
frutas
de Inkoopswagen
carrinho de compras

BUTCHERS

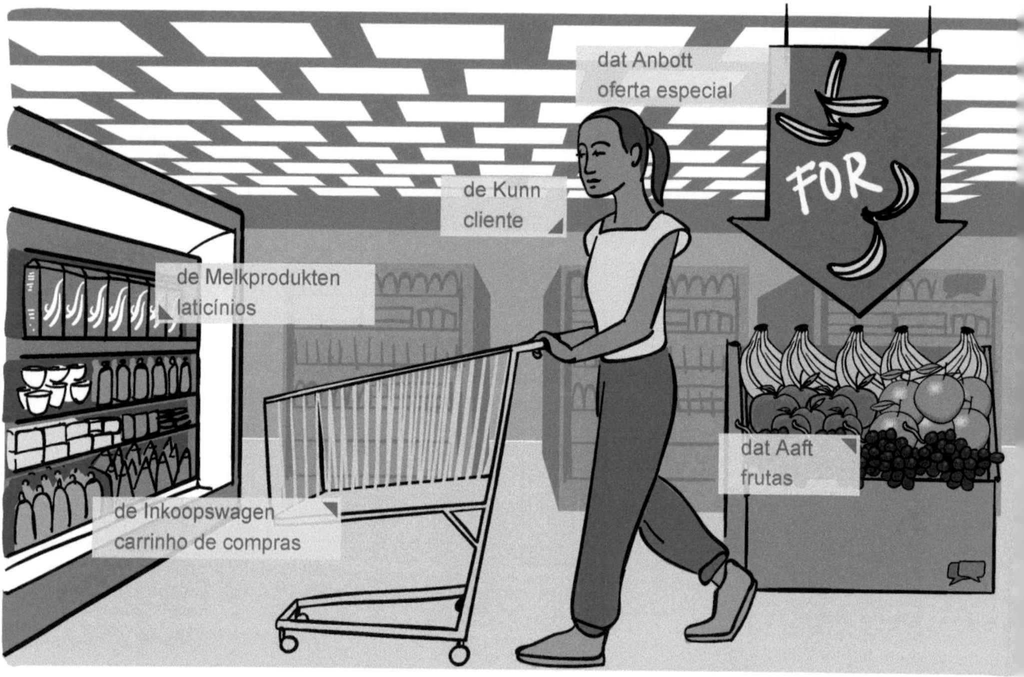

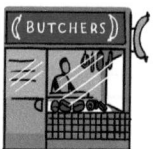

de Slachterie

açougue

BAKERY

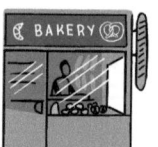

de Bäckerie

padaria

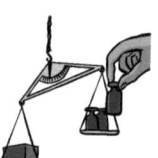

wegen

pesar

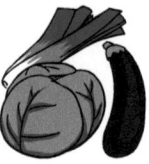

de Gröönsaken

legumes

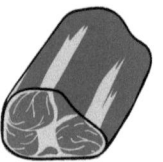

dat Fleesch

carne

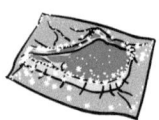

de Deepköhlkost

congelados

de Opsnitt

charcutaria

de Konserven

conservas

de Waschmiddel

detergente em pó

de Snoopkraam

doces

de Huushooltssaken

artigos domésticos

de Reinmaaktüüch

produtos de limpeza

de Verköpersche

vendedora

de Kass

caixa

de Kasserer

caixa

de Inkoopslist

lista de compras

de Opsparrtieden

horário de funcionamento

de Breeftasch

carteira

de Kreditkoort

cartão de crédito

de Tasch

sacola

de Plastiktüüt

saco plástico

dat Water

água

de Saft

suco

de Melk

leite

de Cola

coca-cola

de Wien

vinho

dat Beer

cerveja

de Spriet

álcool

de Kakao

cacau

de Tee

chá

de Koffie

café

de Espresso

expresso

de Cappucino

cappuccino

de Banaan

banana

de Appel

maçã

de Appelsien

laranja

de Meloon

melão

de Zitroon

limão

de Wöttel

cenoura

de Knuuvlook

alho

de Bambus

bambu

de Zibbel

cebola

de Poggenstohl

cogumelo

de Nööt

nozes

de Nudeln

macarrão

de Spaghetti

espaguete

de Ries

arroz

de Salat

salada

de Pommes frites

batatas fritas

de Braadkantüffeln

batatas frias

de Pizza

pizza

de Hamborger

hambúrger

dat Sandwich

sanduíche

dat Snitzel

escalope

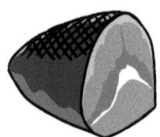

de Schinken

presunto

de Salami

salame

de Wust

salsicha

dat Hohn

galinha

de Braden

assado

de Fisch

peixe

de Haverflocken

flocos de aveia

dat Müsli

granola

de Cornflakes

flocos de milho

dat Mehl

farinha

de Croissant

croissant

dat Rundstück

pãozinho

dat Broot

pão

dat Toast

torrada

de Keksen

biscoitos

de Botter

manteiga

de Quark

requeijão

de Koken

bolo

dat Ei

ovo

dat Spegelei

ovo frito

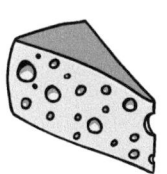

de Kees

queijo

de Ies

sorvete

de Zucker

açúcar

de Honnig

mel

de Marmelaad

geleia

de Nougat-Creme

creme de avelãs

dat Curry

curry

dat Buernhuus
casa de fazenda

de Strohballen
fardo de palha

de Schüün
celeiro

dat Feld
campo

dat Peerd
cavalo

de Hänger
reboque

dat Fahlen
potro

de Trecker
trator

de Esel
burro

dat Schaap
ovelha

dat Lamm
cordeiro

de Zeeg

cabra

de Koh

vaca

dat Kalf

bezerro

dat Swien

porco

dat Farken

leitão

de Bull

touro

de Goos

ganso

de Aant

pato

dat Küken

pintinho

dat Hohn

galinha

de Hahn

galo

de Rott

ratazana

de Katt

gato

de Muus

camundongo

de Oss

boi

de Hund

cachorro

de Hunnenhütt

casinha do cachorro

de Goornslauch

mangueira de jardim

de Geetkann

regador

de Lee

foice

de Ploog

arado

de Sich

foice

de Hack

enxada

de Mestfork

forquilha

de Ext

machado

de Schuufkoor

carrinho de mão

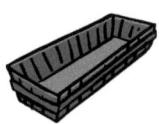

de Trog

manjedoura

de Melkkann

jarra de leite

de Sack

saco

de Tuun

cerca

de Stall

estábulo

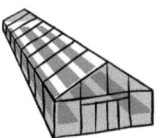

dat Drievhuus

estufa

de Bodden

solo

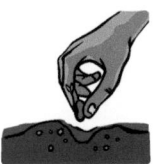

de Saat

semente

de Dünger

fertilizante

de Meihdöscher

colheitadeira

oornen

colher

de Oorn

colheita

de Yamswöttel

inhame

de Weten

trigo

dat Soja

soja

de Kantüffel

batata

de Törksche Weten

milho

de Rapp

colza

de Aaftboom

árvore frutífera

de Troopsch Kantüffel

mandioca

dat Koorn

cereais

dat Huus

casa

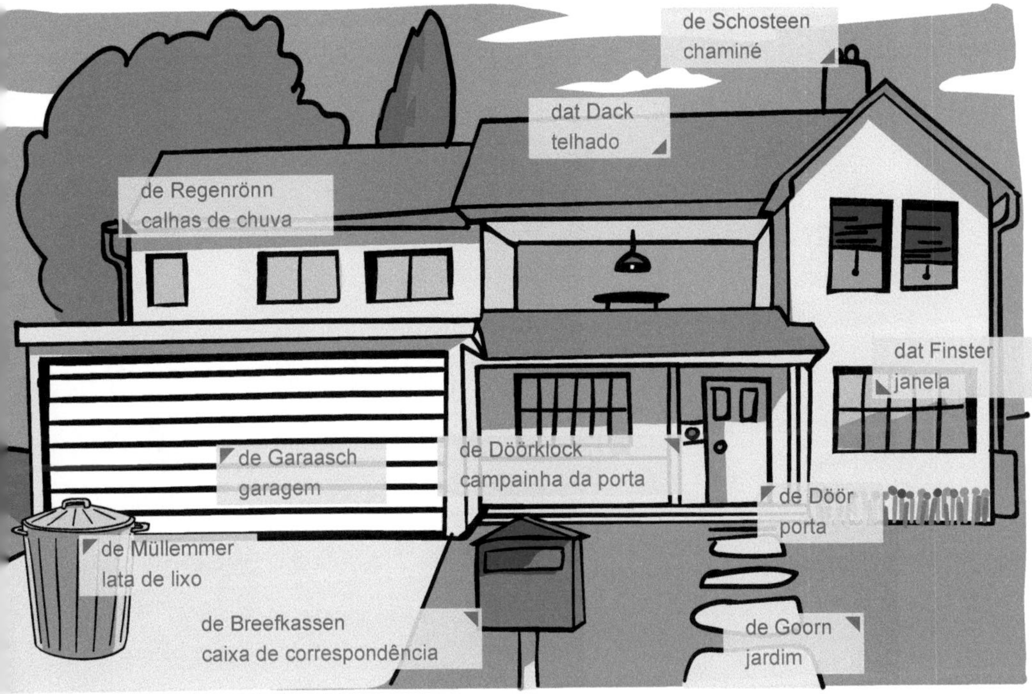
de Schosteen
chaminé
dat Dack
telhado
de Regenrönn
calhas de chuva
dat Finster
janela
de Garaasch
garagem
de Döörklock
campainha da porta
de Döör
porta
de Müllemmer
lata de lixo
de Breefkassen
caixa de correspondência
de Goorn
jardim

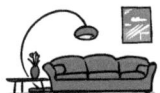

de Wahnstuuv

sala de estar

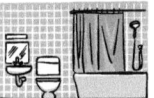

de Baadstuuv

banheiro

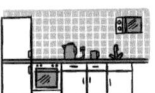

de Köök

cozinha

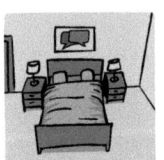

de Slaapstuuv

quarto de dormir

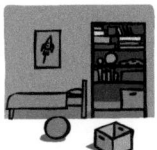

de Kinnerstuuv

quarto de criança

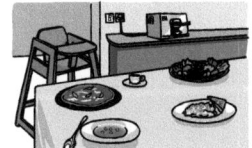

de Eetstuuv

sala de jantar

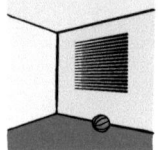

de Footbodden

chão

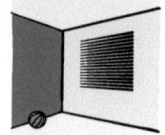

de Wand

parede

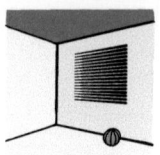

de Deek

teto

de Keller

porão

dat Hittluftbad

sauna

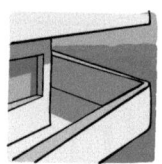

de Balkon

varanda

de Terrass

terraço

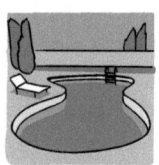

dat Swümmbad

piscina

de Rasenmeiher

cortador de grama

de Bettbetog

lençol

de Bettdeek

coberta

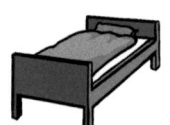

de Puuch

cama

de Bessen

vassoura

de Emmer

balde

de Schalter

interruptor

de Wahnstuuv
sala de estar

de Tapeet
papel de parede
dat Bild
quadro
de Lamp
lâmpada
dat Regal
prateleira
dat Schapp
armário
de Kiekkassen
televisão
de Kamin
lareira
de Bloom
flor
dat Küssen
travesseiro
dat Sofa
sofá
de Vaas
vaso
de Feernbedenen
controle remoto

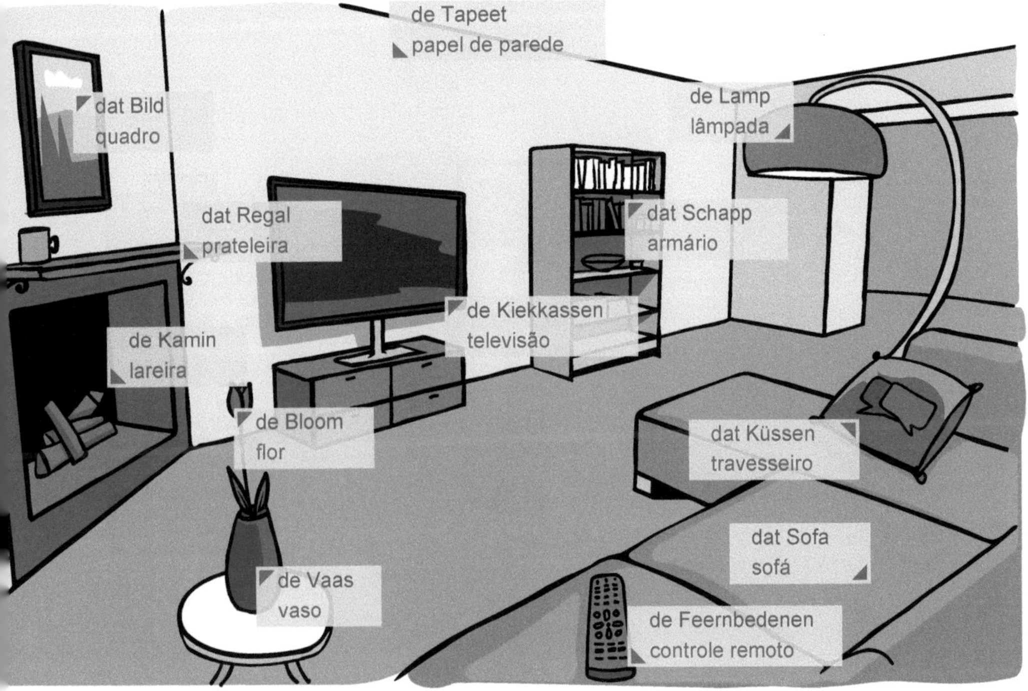

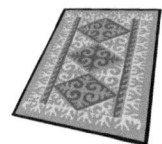

de Teppich

tapete

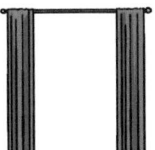

de Vörhang

cortina

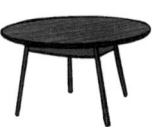

de Disch

mesa

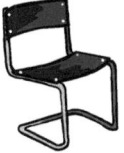

de Stohl

cadeira

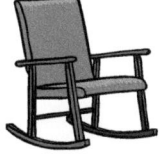

de Schuckelstohl

cadeira de balanço

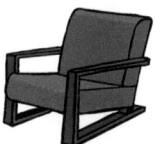

de Sessel

poltrona

dat Book
livro

de Deek
cobertor

de Dekoratschoon
decoração

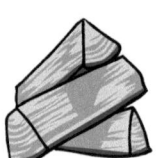

dat Füerholt
lenha

de Film
filme

de Stereoanlaag
equipamento de som

de Slötel
chave

dat Narichtenblatt
jornal

dat Gemälde
pintura

dat Poster
pôster

dat Radio
rádio

de Opschrievblock
bloco de notas

de Huulbessen
aspirador

de Kaktus
cacto

de Kars
vela

de Köök
cozinha

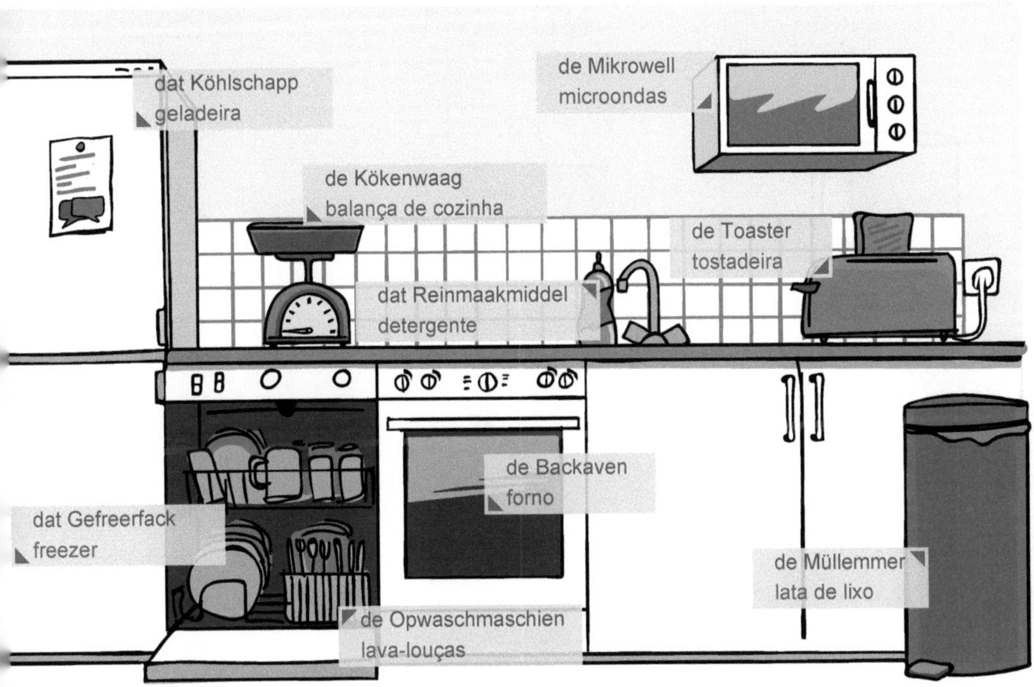

dat Köhlschapp
geladeira
de Mikrowell
microondas
de Kökenwaag
balança de cozinha
de Toaster
tostadeira
dat Reinmaakmiddel
detergente
de Backaven
forno
dat Gefreerfack
freezer
de Müllemmer
lata de lixo
de Opwaschmaschien
lava-louças

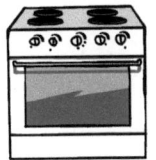

de Heerd

fogão

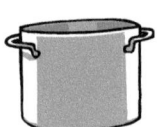

de Pott

panela

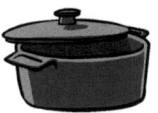

de Gussiesern Putt

panela de ferro

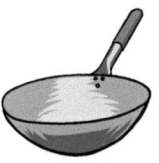

de Wok / Kadai

wok / kadai

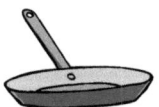

de Pann

frigideira

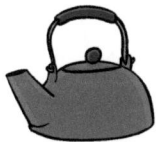

de Waterkaker

chaleira

de Dampkaakputt

panela a vapor

dat Backblick

tabuleiro de forno

dat Geschirr

louça

de Beker

caneca

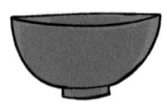

de Schaal

caçarola

de Eetsticken

hashi

de Suppenkell

concha de sopa

de Pannenwenner

espátula

de Sneebessen

batedor

dat Kaakseef

escorredor

dat Seef

peneira

de Riev

ralador

de Mörser

almofariz

de Grill

churrasqueira

de Füerstell

lareira

dat Sniedbrett

tábua de cortar

dat Nudelholt

rolo da massa

de Proppentrecker

saca-rolhas

de Doos

lata

de Dosenaapner

abridor de latas

de Pottlappen

pegador de panela

dat Waschbecken

pia

de Böst

escova

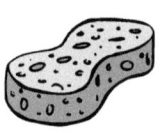

de Swamm

esponja

de Mixer

liquidificador

dat Iesschapp

congelador

de Nuckelbuddel

mamadeira

de Waterhahn

torneira

de Baadstuuv
banheiro

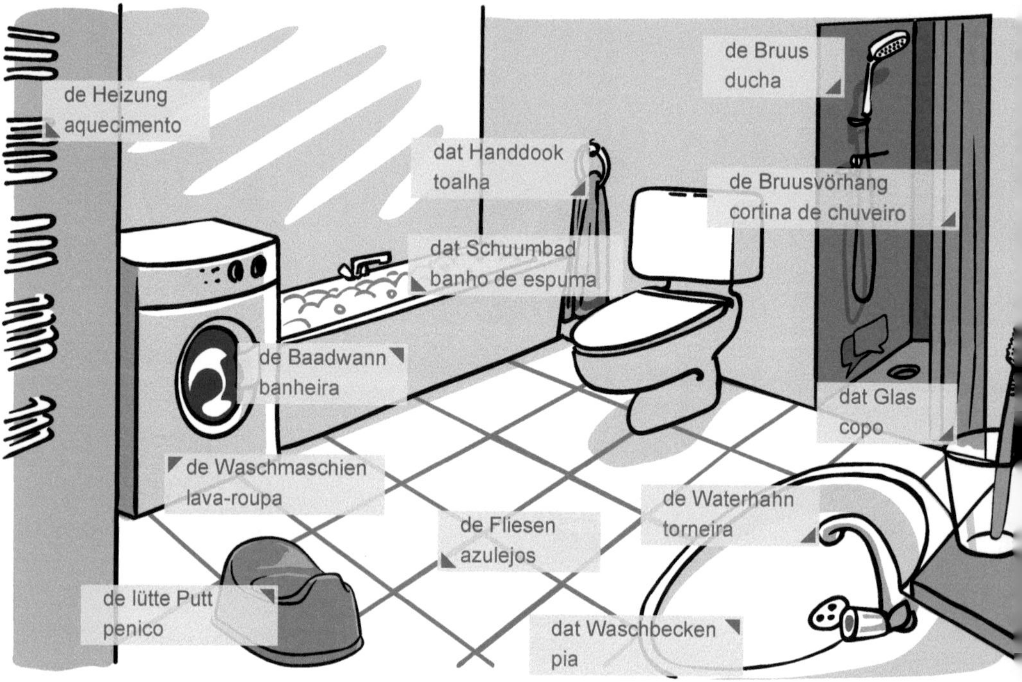
de Heizung
aquecimento
dat Handdook
toalha
de Bruus
ducha
de Bruusvörhang
cortina de chuveiro
dat Schuumbad
banho de espuma
de Baadwann
banheira
dat Glas
copo
de Waschmaschien
lava-roupa
de Waterhahn
torneira
de Fliesen
azulejos
de lütte Putt
penico
dat Waschbecken
pia

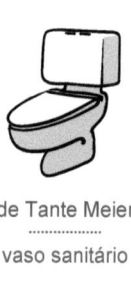

de Tante Meier

vaso sanitário

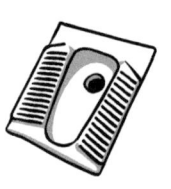

de Hockklo

lavabo de agachar

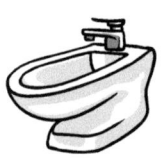

dat Bidet

bidê

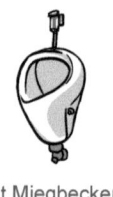

dat Miegbecken

mictório

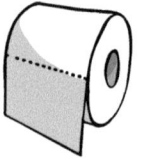

dat Klopapeer

papel higiênico

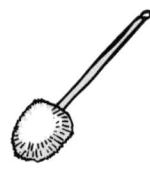

de Kloböst

escova de privada

de Tähnböst

escova de dentes

de Tähnpast

pasta de dentes

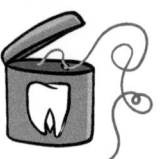

de Tähnsied

fio dental

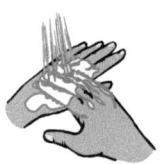

waschen

lavar

de Handbruus

ducha de mão

de Intimbruus

ducha íntima

de Waschschöttel

bacia

de Rüchböst

escova para as costas

de Seep

sabonete

dat Bruusgeel

gel de banho

dat Hoorwaschmiddel

xampu

de Waschlappen

toalha de rosto

de Afloop

escoamento

de Creme

creme

dat Deodorant

desodorante

de Spegel

espelho

de Kosmetikspegel

espelho de mão

de Raserer

barbeador

de Raseerschuum

espuma de barbear

dat Raseerwater

loção pós-barba

de Kamm

pente

de Böst

escova

de Hoordröger

secador de cabelo

dat Hoorspray

spray de cabelo

de Smink

maquiagem

de Lippensticken

batom

de Nagellack

esmalte de unhas

de Watt

algodão

de Nagelscheer

tesoura para unhas

dat Rüükwater

perfume

de Kulturbüdel

nécessaire

de Schemel

banquinho

de Waag

balança

de Baadmantel

roupão de banho

de Gummihanschen

luvas de borracha

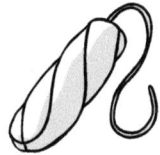

de Tampon

absorvente interno

de Damenbinn

absorvente íntimo

dat Chemieklo

banheiro químico

de Kinnerstuuv
quarto de criança

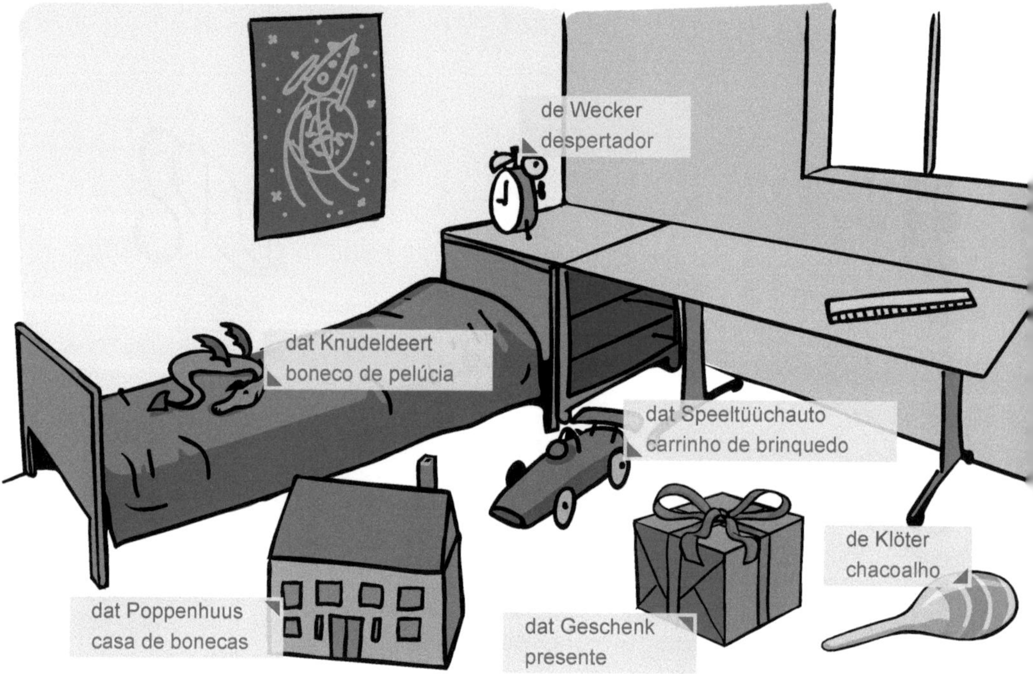

de Wecker
despertador

dat Knudeldeert
boneco de pelúcia

dat Speeltüüchauto
carrinho de brinquedo

de Klöter
chacoalho

dat Poppenhuus
casa de bonecas

dat Geschenk
presente

de Luftballon
balão

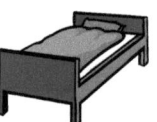

de Puuch
cama

de Kinnerwagen
carrinho de bebê

dat Koortenspeel
jogo de cartas

dat Puzzle
quebra-cabeças

de Billergeschicht
revista de quadrinhos

de Legostenen

peças de Lego

de Bustenen

blocos de construção

de Action-Figur

figura de ação

de Strampelantog

macaquinho de bebê

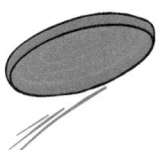

de Frisbeeschiev

frisbee

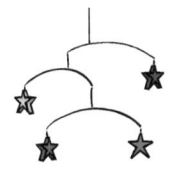

dat Mobile

móbile para bebé

dat Brettspeel

jogo de tabuleiro

de Wörpel

dados

de Modelliesenbahn

trenzinho elétrico

de Snuller

chupeta

de Party

festa

dat Billerbook

livro ilustrado

de Ball

bola

de Popp

boneca

spelen

brincar

de Sandkassen

caixa de areia

de Schuckel

balanço

dat Speeltüüch

brinquedos

de Speelkonsool

videogame

dat Dreerad

triciclo

de Teddyboor

ursinho de pelúcia

dat Klederschapp

guarda-roupa

dat Tüüch

vestuário

de Socken

meias

de Strümp

meias pelo joelho

de Strumpbüx

meias-calças

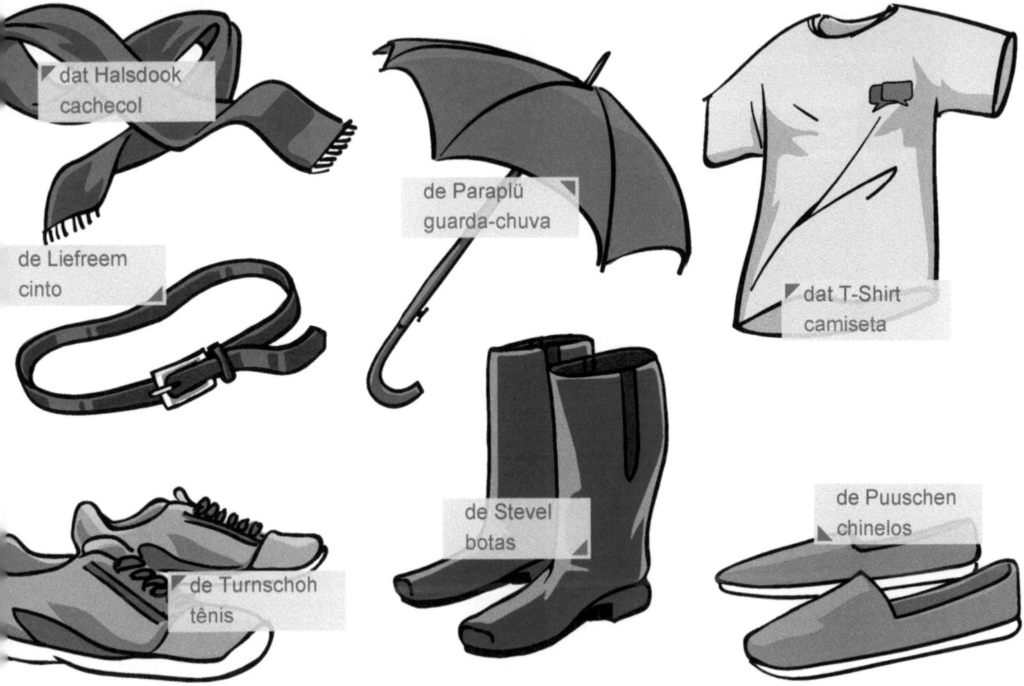

dat Halsdook
cachecol

de Liefreem
cinto

de Paraplü
guarda-chuva

dat T-Shirt
camiseta

de Turnschoh
tênis

de Stevel
botas

de Puuschen
chinelos

de Sandalen
·················
sandálias

de Schoh
·················
sapatos

de Gummistevel
·················
botas de borracha

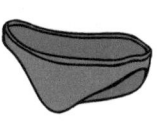

de Ünnerbüx
·················
roupa de baixo

de Bostholler
·················
sutiã

dat Ünnerhemd
·················
camiseta de baixo

de Lief

body

de Büx

calças

de Jeansnüx

jeans

de Rock

saia

de Bluus

blusa

dat Hemd

camisa

de Pullover

pulôver

de Kapuzenpullover

suéter com capuz

de Blazer

blazer

de Jack

jaqueta

de Mantel

casaco

de Övertrecker

gabardine

dat Kostüm

traje

dat Kleed

vestido

dat Hochtietskleed

vestido de casamento

de Antog

terno

dat Nachtkleed

camisola

de Slaapantog

pijama

de Sari

sari

dat Koppdook

lenço de cabeça

de Turban

turbante

de Burka

burca

de Kaftan

cafetã

de Abaya

abaya

de Baadantog

maiô

de Baadbüx

sunga

de Korte Büx

shorts

de Antog to'n Öven

roupa de treino

de Schört

avental

de Handschoh

luvas

de Knopp
botão

de Brill
óculos

dat Armband
pulseira

de Halskeed
colar

de Ring
anel

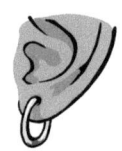

de Ohrbummel
brinco

de Mütz
boné

de Klederbögel
cabide

de Hoot
chapéu

de Binner
gravata

de Rietslüter
zíper

de Helm
capacete

dat Drachtband
suspensórios

de Schooluniform
uniforme escolar

de Uniform
uniforme

de Severböten
babador

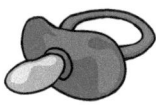

de Snuller
chupeta

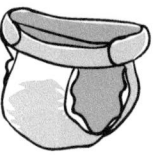

de Winnel
fralda

dat Büro
escritório

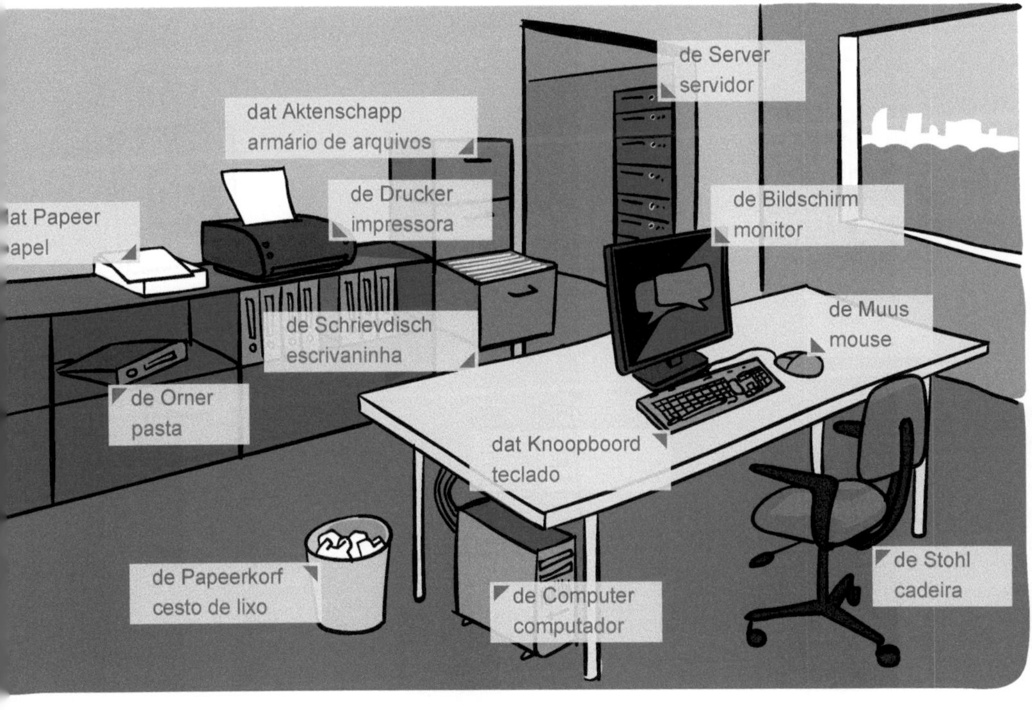

de Server
servidor

dat Aktenschapp
armário de arquivos

de Drucker
impressora

dat Papeer
papel

de Bildschirm
monitor

de Schrievdisch
escrivaninha

de Muus
mouse

de Orner
pasta

dat Knoopboord
teclado

de Papeerkorf
cesto de lixo

de Stohl
cadeira

de Computer
computador

de Koffiebeker
xícara de café

de Taschenreekner
calculadora

dat Internet
internet

de Klappreekner

laptop

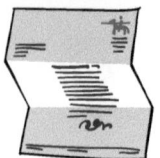

de Breef

carta

de Naricht

mensagem

de Ackersnacker

celular

dat Nettwark

rede

de Kopeerapparat

copiadora

de Software

software

de Klöönkassen

telefone

de Steekdoos

tomada

de Faxapparat

fax

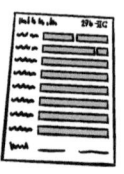

dat Formulor

formulário

dat Dokument

documento

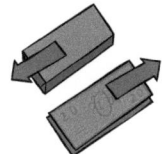

köpen

comprar

betahlen

pagar

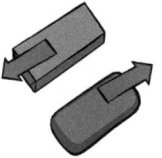

hanneln

negociar

dat Geld

dinheiro

de Dollar

Dólar

de Euro

Euro

de Yen

Yen

de Ruvel

rublo

de Swiezer Franken

franco suíço

de Renminbi Yuan

renminbi yuan

de Rupie

rupia

de Geldautomat

caixa eletrônico

de Wesselstuuv

casa de câmbio

dat Gold

ouro

dat Sülver

prata

dat Ööl

petróleo

de Energie

energia

de Pries

preço

de Verdrag

contrato

de Stüer

imposto

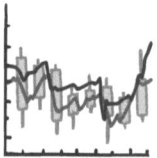

de Andeelschien

ação

arbeiden

trabalhar

de Anstellte

empregado

de Arbeitgever

empregador

de Fabrik

fábrica

de Hökerie

loja

de Profeschonen

profissões

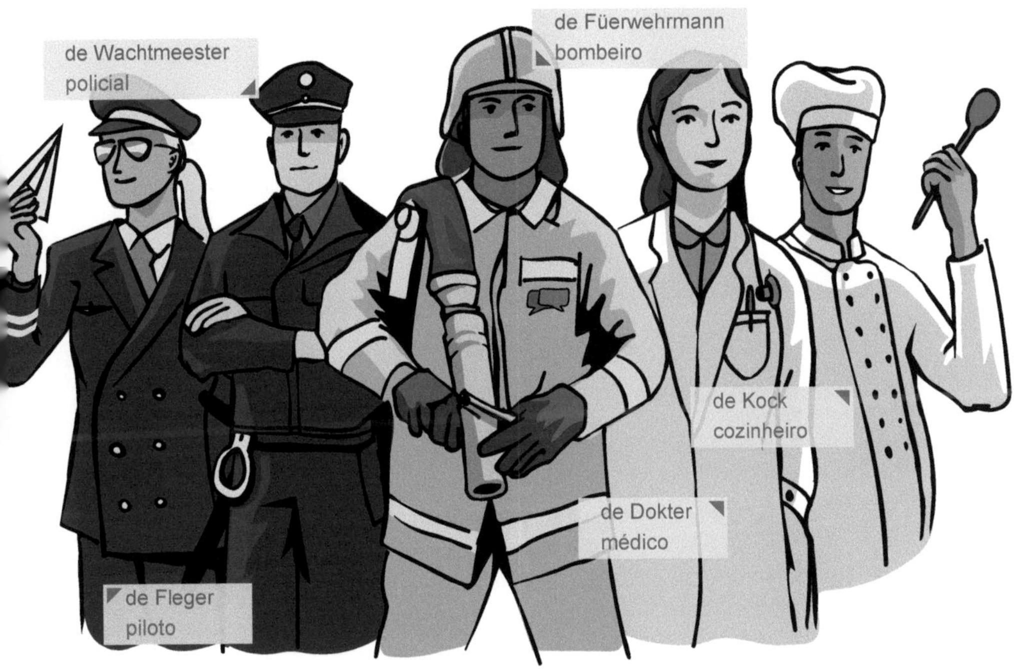

de Füerwehrmann
bombeiro
de Wachtmeester
policial
de Kock
cozinheiro
de Dokter
médico
de Fleger
piloto

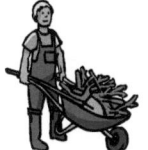

de Goorner

jardineiro

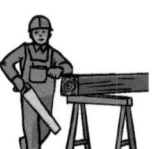

de Discher

marceneiro

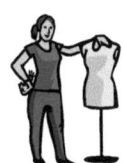

de Neihersche

costureira

de Richter

juiz

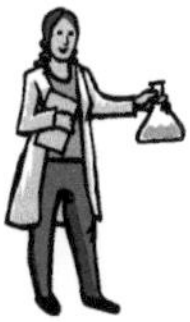

de Chemiker

químico

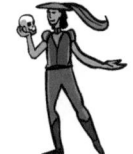

de Schauspeler

ator

de Busfohrer

motorista de ônibus

de Taxifohrer

motorista de táxi

de Fischer

pescador

de Reinmaakfru

faxineira

de Dackdecker

telhador

de Kellner

garçom

de Jäger

caçador

de Maler

pintor

de Bäcker

padeiro

de Elektriker

eletricista

de Buarbeider

construtor

de Ingenieur

engenheiro

de Slachter

açougueiro

de Klempner

encanador

de Postbüdel

carteiro

de Suldat

soldado

de Architekt

arquiteto

de Kasserer

caixa

de Florist

florista

de Putzbüdel

cabelereiro

de Schaffner

condutor

de Mechaniker

mecânico

de Kaptein

capitão

de Tähndokter

dentista

de Wetenschopler

cientista

de Rabbi

rabino

de Imam

imam

de Mönk

monge

de Paap

pastor

dat Warktüüch

ferramentas

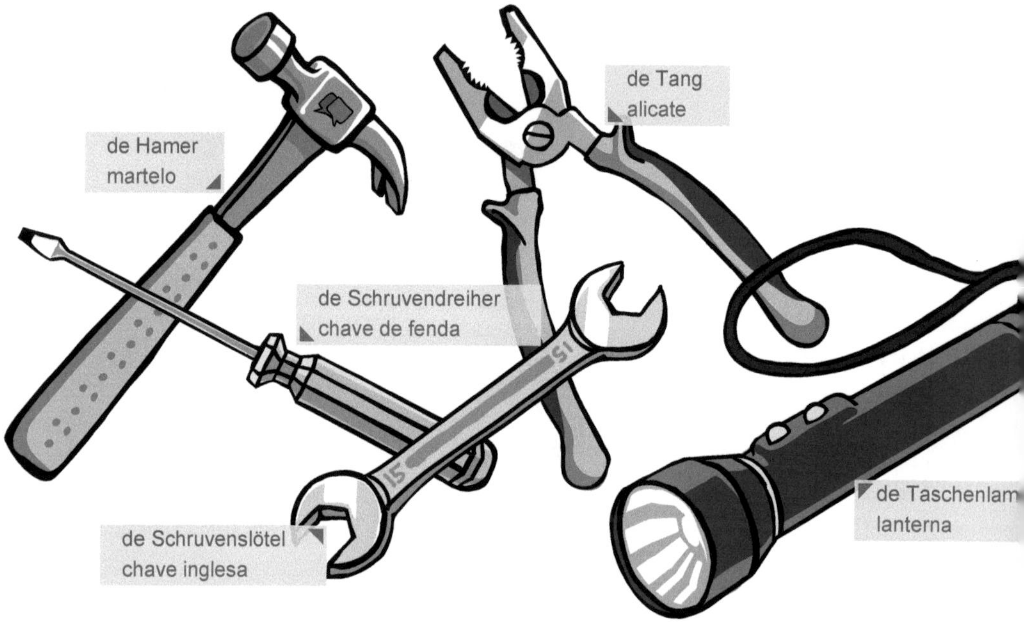

de Hamer
martelo
de Tang
alicate
de Schruvendreiher
chave de fenda
de Taschenlam
lanterna
de Schruvenslötel
chave inglesa

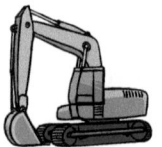

de Grieper

escavadora

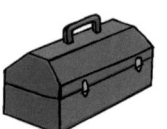

de Warktüüchkassen

caixa de ferramentas

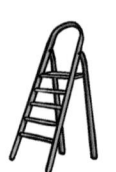

de Ledder

escada de mão

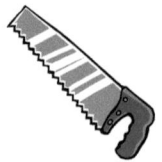

de Saag

serra

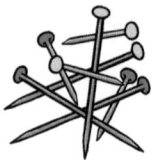

de Nagels

pregos

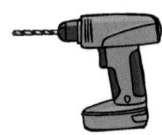

de Bohrer

furadeira

heelmaken

consertar

de Schüffel

pá

Schiet!

Droga!

dat Kehrblick

pá de lixo

de Farvpott

pote de tinta

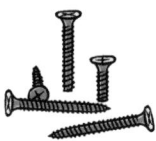

de Schruven

parafusos

de Musikinstrumenten
instrumentos musicais

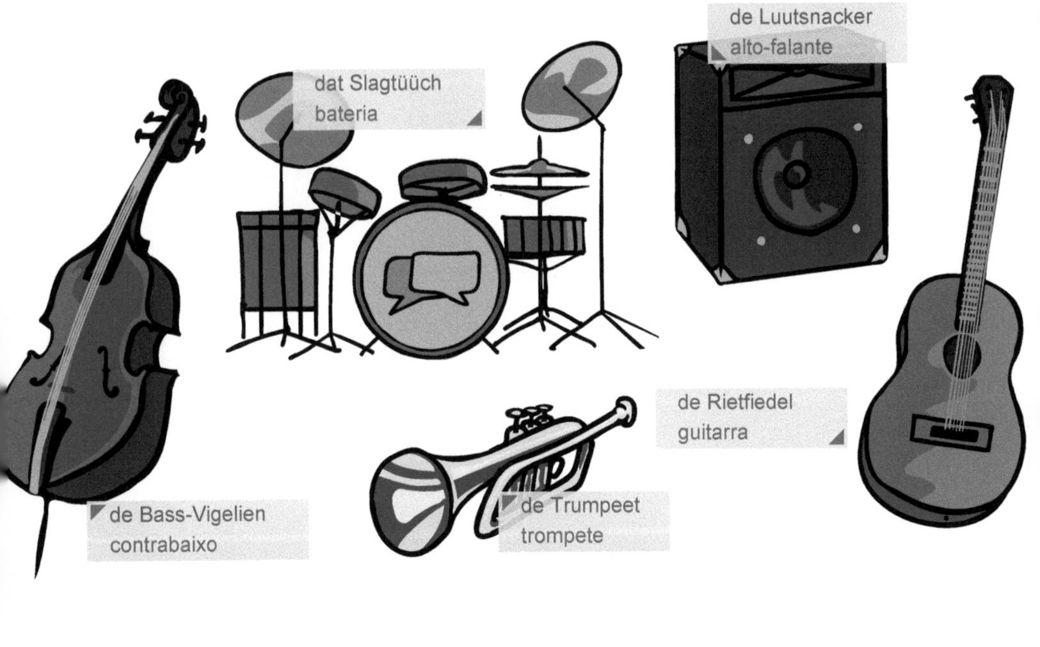

de Luutsnacker
alto-falante

dat Slagtüüch
bateria

de Rietfiedel
guitarra

de Bass-Vigelien
contrabaixo

de Trumpeet
trompete

dat Klaveer

piano

de Vigelien

violino

de Bass

baixo

de Pauk

timbales

de Trummeln

tambor

dat Keyboard

teclado

dat Saxophon

saxofone

de Fleut

flauta

dat Mikrofoon

microfone

de Deertenpark

zoológico

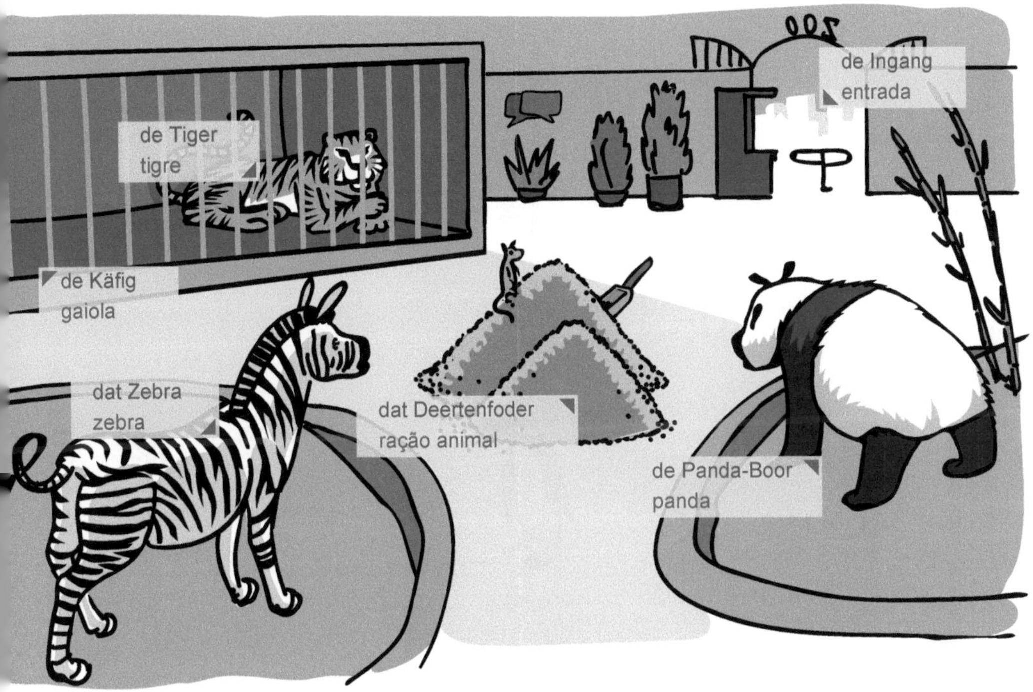

de Ingang
entrada
de Tiger
tigre
de Käfig
gaiola
dat Zebra
zebra
dat Deertenfoder
ração animal
de Panda-Boor
panda

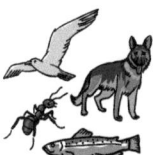

de Deerten

animais

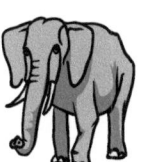

de Elefant

elefante

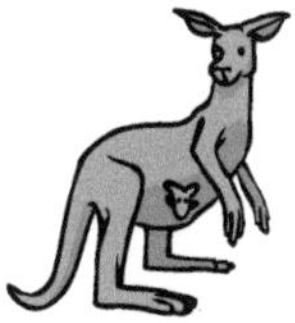

dat Känguru

canguru

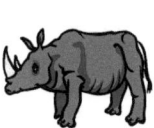

dat Neeshoorn

rinoceronte

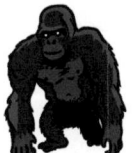

de Gorilla

gorila

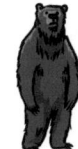

de Boor

urso

dat Kameel

camelo

de Struuß

avestruz

de Lööv

leão

de Aap

macaco

de Flamingo

flamingo

de Papagoi

papagaio

de Iesboor

urso polar

de Pinguin

pinguim

de Haifisch

tubarão

de Pageluun

pavão

de Slang

cobra

dat Krokodil

crocodilo

de Oppasser in'n
Deertenpark
guarda do zoológico

de Saalhund

foca

de Jaguor

jaguar

dat Pony

pônei

de Leopard

leopardo

dat Nilpeerd

hipopótamo

de Giraff

girafa

de Aadler

águia

dat Wildswien

javali

de Fisch

peixe

de Schildkrööt

tartaruga

dat Walross

morsa

de Voss

raposa

de Gazell

gazela

de Amerikaansch Football
futebol americano

dat Radfohren
ciclismo

dat Tennis
tênis

de Korfball
basquete

dat Swümmen
natação

dat leshockey
hóquei no gelo

dat Boxen
boxe

de Football
futebol

dat Fedderball
badminton

de Leichtathletik
atletismo

de Handball
handebol

dat Skilopen
esqui

dat Polo
polo

de Aktivitäten
atividades

lachen
rir
springen
pular
ümarmen
abraçar
gahn
andar
singen
cantar
drömen
sonhar
beden
rezar
snuteln
beijar

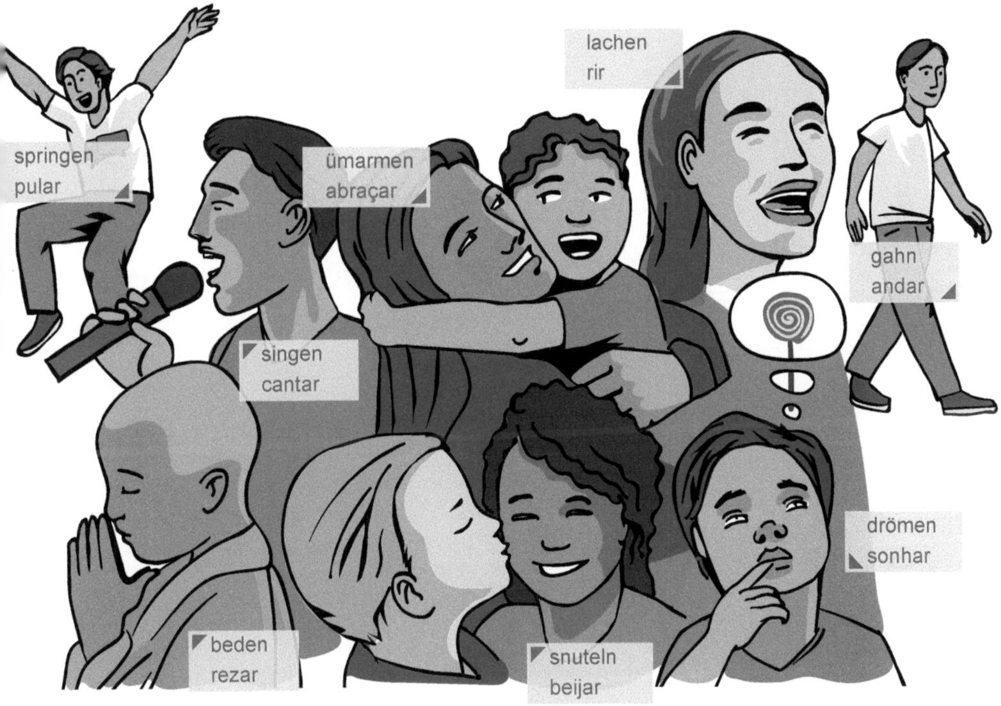

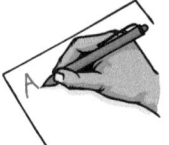

schrieven

escrever

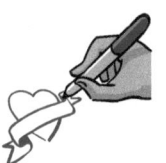

teken

desenhar

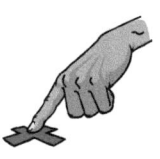

wiesen

mostrar

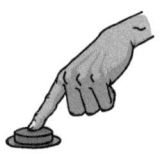

drücken

empurrar

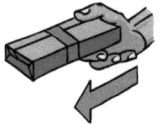

geven

dar

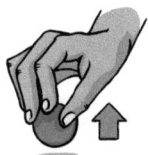

nehmen

tomar

hebben
ter

doon
fazer

sien
ser

stahn
ficar de pé

lopen
correr

trecken
puxar

smieten
jogar

fallen
cair

liggen
deitar

töven
esperar

dregen
carregar

sitten
sentar

antrecken
vestir

slapen
dormir

opwaken
despertar

ankieken

olhar para

wenen

chorar

eien

acariciar

kämmen

pentear

snacken

falar

verstahn

entender

fragen

perguntar

hören

ouvir

drinken

beber

eten

comer

oprümen

arrumar

leefhebben

amar

kaken

cozinhar

fohren

dirigir

flegen

voar

segeln

velejar

reken

calcular

lesen

ler

lehren

aprender

arbeiden

trabalhar

de Plünnen tohoopsmieten

casar

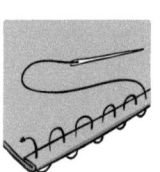

neihen

costurar

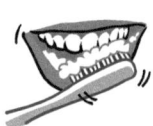

Tähnen putzen

escovar os dentes

dootmaken

matar

smöken

fumar

schicken

enviar

Grootmoder
ó

de Grootvadder
avô

de Vadder
pai

de Moder
mãe

Winnelkind
oê

de Dochter
filha

de Söhn
filho

de Gast

convidado

de Tant

tia

de Unkel

tio

de Broder

irmão

de Süster

irmã

de Lief

corpo

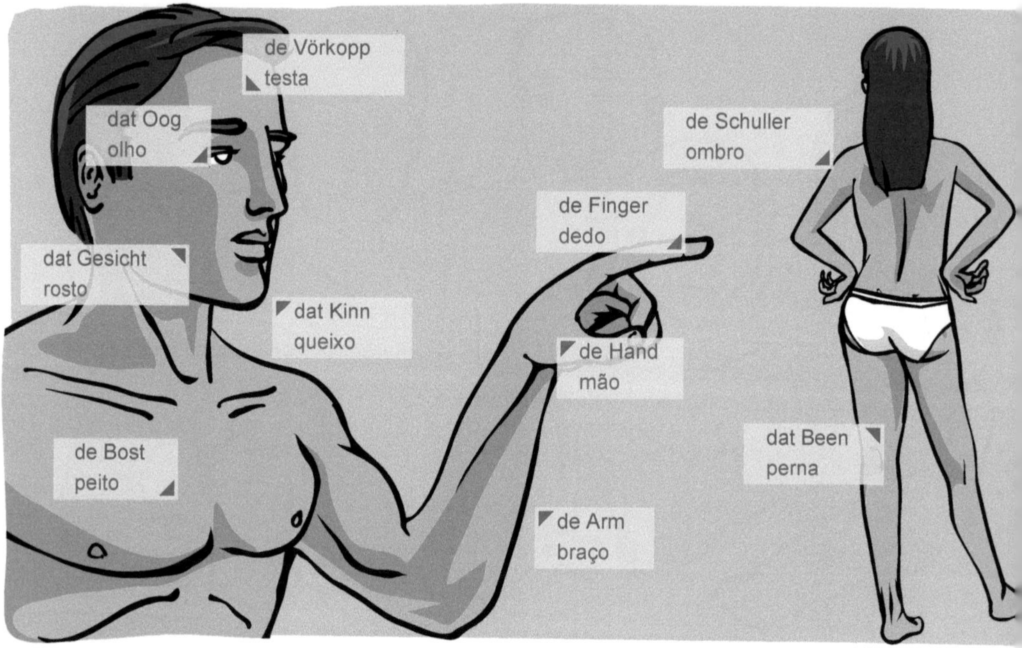

de Vörkopp
testa

dat Oog
olho

dat Gesicht
rosto

dat Kinn
queixo

de Bost
peito

de Schuller
ombro

de Finger
dedo

de Hand
mão

dat Been
perna

de Arm
braço

dat Winnelkind

bebê

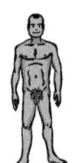

de Mann

homem

de Fro

mulher

de Deern

menina

de Jung

menino

de Arm

cabeça

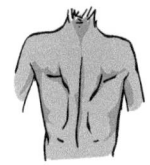

de Rüch

costas

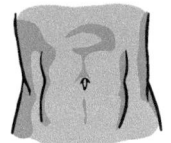

de Buuk

barriga

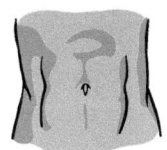

de Navel

umbigo

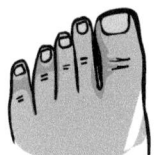

de Teh

dedo do pé

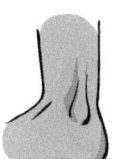

de Hack

calcanhar

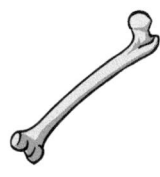

de Knaken

osso

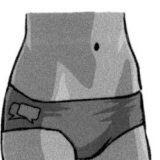

de Hüft

anca

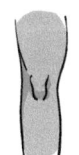

dat Knee

joelho

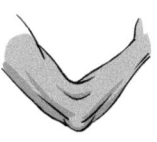

de Ellbagen

cotovelo

de Nees

nariz

de Achtersen

nádegas

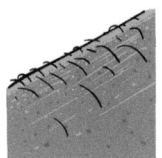

de Huut

pele

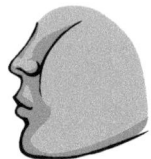

de Back

bochecha

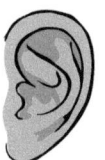

dat Ohr

orelha

de Lipp

lábio

de Mund

boca

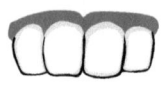

de Tähn

dente

de Tung

língua

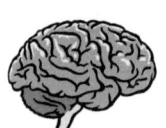

de Bregen

cérebro

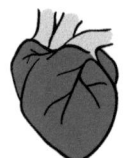

dat Hart

coração

de Muskel

músculo

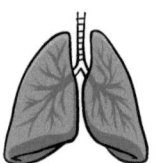

de Lung

pulmão

de Lever

fígado

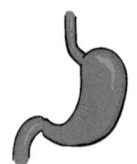

de Maag

estômago

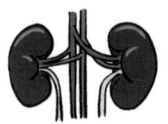

de Neren

rins

de Bislaap

relações sexuais

dat Kondoom

preservativo

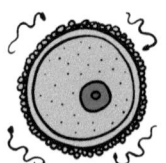

de Eizell

óvulo

dat Sperma

esperma

de Anner Ümstänn

gravidez

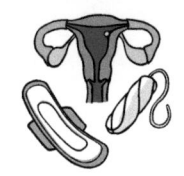

de Menstruatschoon

menstruação

de Scheed

vagina

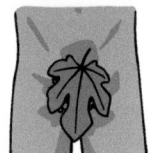

de Pint

pênis

de Ogenbroe

sobrancelha

dat Hoor

cabelo

de Hals

pescoço

dat Krankenhuus
hospital

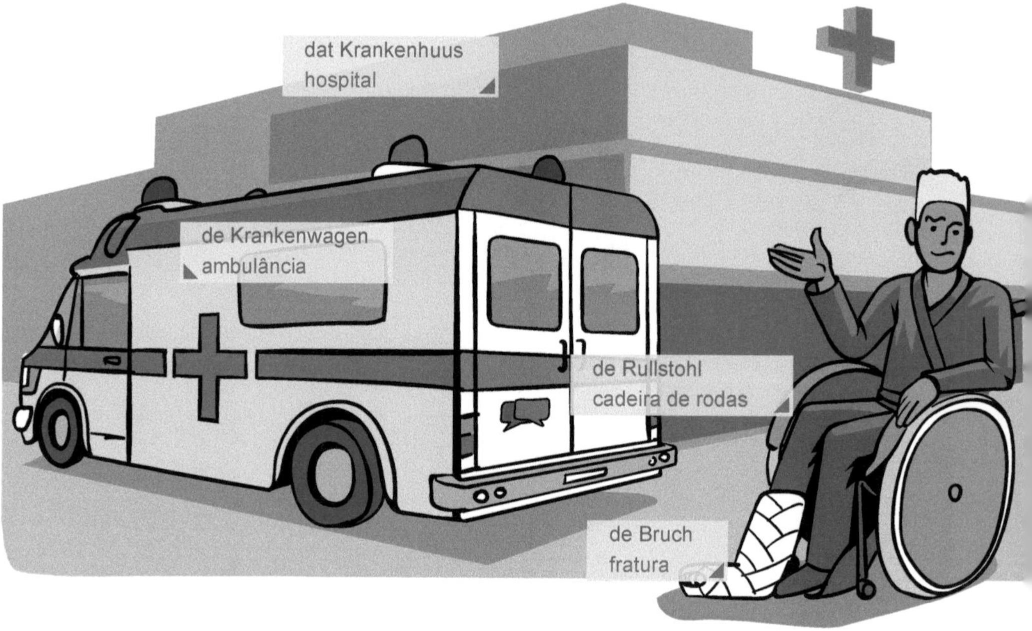

dat Krankenhuus
hospital
de Krankenwagen
ambulância
de Rullstohl
cadeira de rodas
de Bruch
fratura

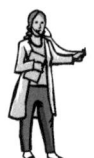

de Dokter
médico

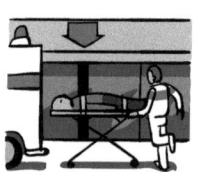

de Nootopnahm
pronto-socorro

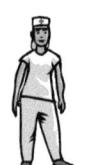

de Krankensüster
enfermeira

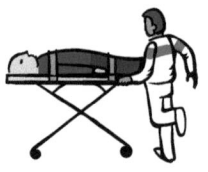

de Nootfall
emergência

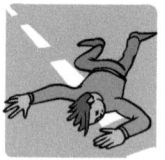

ahnmächtig
inconsciente

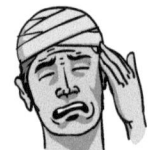

de Wehdaag
dor

de Verwunnen

ferimento

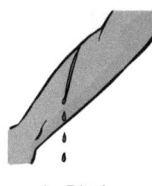

de Blöden

hemorragia

de Hartinfarkt

ataque cardíaco

de Slaganfall

acidente vacular cerebral

de Allergie

alergia

de Hoosten

tosse

dat Fever

febre

de Gripp

gripe

de Dörchfall

diarreia

de Koppwehdaag

dor de cabeça

de Kreeft

câncer

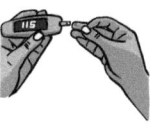

de Zuckersüük

diabetes

de Chirurg

cirurgião

dat Chirurgsch Mess

bisturi

de Operatschoon

operação

dat CT

CT

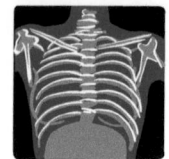

de Dörchlüchten

raio x

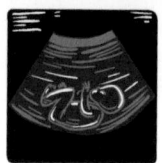

de Ultraschall

ultrassom

de Mask

máscara

de Krankheit

doença

de Töövruum

sala de espera

de Krück

muleta

dat Plaaster

bandeide

de Verband

ligadura

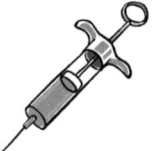

de Insprütten

injeção

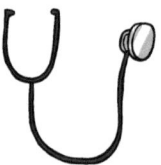

dat Stethoskop

estetoscópio

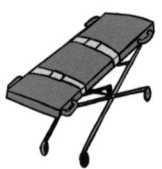

de Draag

maca

dat Feverthermometer

termômetro

de Geboort

nascimento

dat Övergewicht

excesso de peso

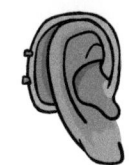

de Höörapparat

aparelho auditivo

dat Kiemfriemiddel

desinfetante

de Ansteken

infecção

de Virus

vírus

dat HIV / AIDS

HIV / AIDS

dat Heelmiddel

medicamento

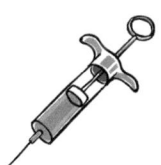

de Impen

vacinação

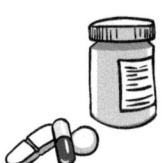

de Tabletten

comprimidos

de Pill

pílula

de Nootroop

chamada de emergência

de Blootdruck-Meter

dispositivo de medição de
pressão arterial

krank / gesund

doente / saudável

emergência

Hölp!

Socorro!

de Alarm

alarme

de Överfall

assalto

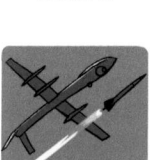

de Angreep

ataque

de Gefohr

perigo

de Nootutgang

saída de emergência

dat Füer!

Fogo!

de Füerlöscher

extintor de incêndios

de Unfall

acidente

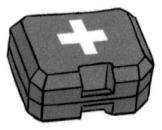

de Noothölpkoffer

maleta de primeiros
socorros

SOS

SOS

de Polizei

polícia

Europa

Europa

Noordamerika

América do Norte

Süüdamerika

América do Sul

Afrika

África

Asien

Ásia

Australien

Austrália

de Atlantik

Atlântico

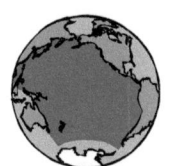

de Pazifik

Pacífico

dat Indisch Weltmeer

Oceano Índico

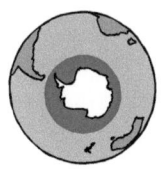

dat Antarktisch Weltmeer

Oceano Antártico

dat Arktisch Weltmeer

Oceano Ártico

de Noordpol

Polo Norte

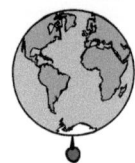

de Süüdpol

Polo Sul

de Antarktis

Antártica

de Eerd

Terra

dat Land

terra

de See

mar

dat Eiland

ilha

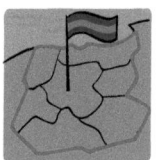

de Natschoon

nação

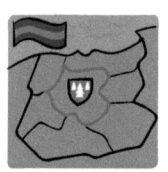

de Staat

estado

dat Tallenblatt

mostrador do relógio

de Stunnenwieser

ponteiro das horas

de Minutenwieser

ponteiro dos minutos

de Sekunnenwieser

ponteiro dos segundos

Wo laat is dat?

Que horas são?

de Dag

dia

de Tiet

tempo

nu

agora

de digetaalsch Klock

relógio digital

de Minuut

minuto

de Stunn

hora

de Week

semana

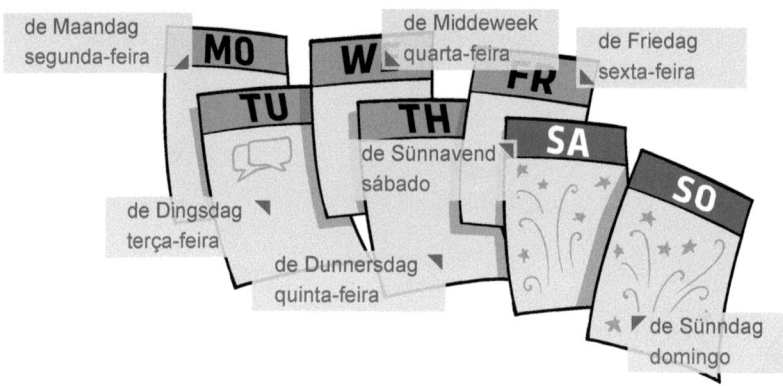

de Maandag
segunda-feira

de Middeweek
quarta-feira

de Friedag
sexta-feira

de Dingsdag
terça-feira

de Sünnavend
sábado

de Dunnersdag
quinta-feira

de Sünndag
domingo

güstern

ontem

hüüt

hoje

morgen

amanhã

de Morgen

manhã

de Meddag

meio-dia

de Avend

entardecer

de Arbeitsdaag

dias úteis

dat Wekenenn

fim de semana

dat Johr
ano

de Regen
chuva
de Regenbagen
arco-íris
de Snee
neve
de Wind
vento
dat Fröhjohr
primavera
de Harvst
outono
de Sommer
verão
de Winter
inverno

4.APRIL 11°
5.APRIL 4°
6.APRIL 13°
7.APRIL 8°
8.APRIL 10°

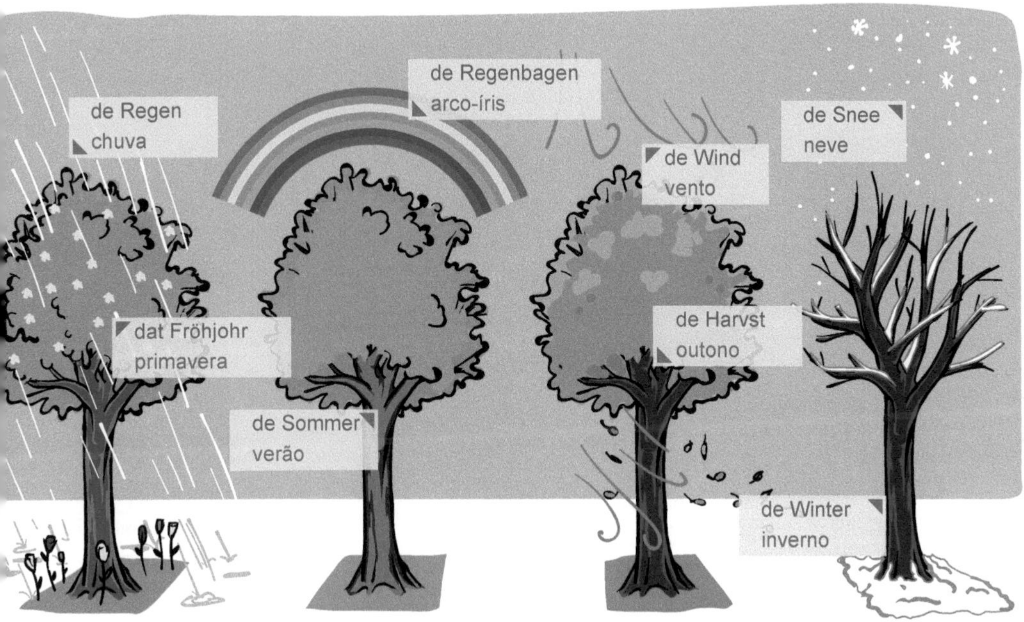

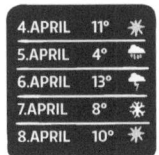

de Wedervörhersaag
previsão do tempo

F C
120 40
90 30
60 20
30 10
0 0
-30 -10
-20

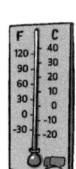

dat Thermometer
termômetro

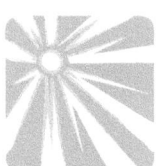

de Sünnenschien
raio de sol

de Wulk
nuvem

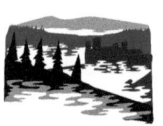

de Nevel
neblina / nevoeiro

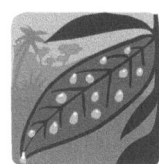

de Luftfuchtigkeit
umidade do ar

de Blitz

relâmpago

de Dunner

trovão

de Storm

tempestade

de Hagel

granizo

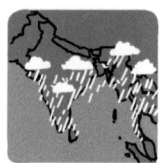

de Monsun

monção

de Floot

inundação

dat les

gelo

de Januormaand

janeiro

de Februormaand

fevereiro

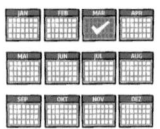

de Martmaand

março

de Aprilmaand

abril

de Maimaand

maio

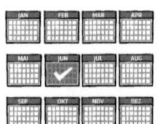

de Junimaand

junho

de Julimaand

julho

de Augustmaand

agosto

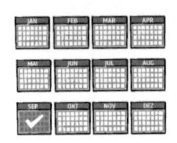

de Septembermaand
setembro

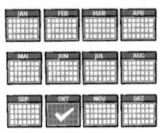

de Oktobermaand
outubro

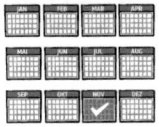

de Novembermaand
novembro

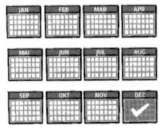

de Dezembermaand
dezembro

de Formen
formas

de Krink
círculo

dat Quadrat
quadrado

dat Rechteck
retângulo

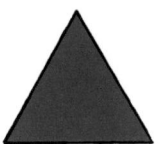

dat Dreeeck
triângulo

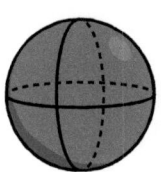

de Kugel
esfera

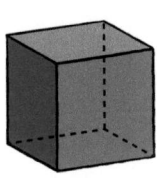

de Wörpel
cubo

witt

branco

geel

amarelo

orangsch

laranja

pink

rosa

root

vermelho

lila

lilás

blau

azul

gröön

verde

bruun

marrom

gries

cinza

swart

preto

veel / wenig

muito / pouco

böös / verdreeglich

furioso / tranquilo

smuck / mies

lindo / feio

de Begünn / dat Enn

começo / fim

groot / lütt

grande / pequeno

hell / düüster

claro / escuro

de Broder / de Süster

irmão / irmã

schier / schietig

limpo / sujo

kumpleet / nich kumpleet

completo / incompleto

de Dag / de Nacht

dia / noite

doot / lebennig

morto / vivo

breet / small

largo / estreito

geneetbor / nich geneetbor

comestível / não comestível

böös / fründlich

mau / gentil

fickerig / langwielt

entusiasmado / entediado

dick / dünn

gordo / magro

toeerst / toletzt

primeiro / último

de Fründ / de Fiend

amigo / inimigo

vull / leddig

cheio / vazio

hart / week

duro / macio

swoor / licht

pesado / leve

de Smacht / de Döst

fome / sede

krank / gesund

doente / saudável

nich na't Recht / na't Recht

ilegal / legal

klook / dummerhaftig

inteligente / idiota

linkerhand / rechterhand

esquerda / direita

neeg / feern

perto / longe

nieg / bruukt

novo / usado

nix / wat

nada / alguma coisa

oolt / jung

velho / jovem

an / ut

ligado / desligado

apen / slaten

aberto / fechado

lies / luut

baixo / alto

riek / arm

rico / pobre

richtig / verkehrt

certo / errado

ruug / glatt

áspero / liso

trurig / glücklich

triste / feliz

kort / lang

curto / longo

suutje / flink

lento / rápido

natt / dröög

molhado / seco

warm / köhl

ameno / fresco

de Krieg / de Freden

guerra / paz

0

null

zero

1

een

um

2

twee

dois

3

dree

três

4

veer

quatro

5

fief

cinco

6

söss

seis

7

söven

sete

8

acht

oito

9

negen

nove

10

teihn

dez

11

ölven

onze

12

twölf
doze

13

dörteihn
treze

14

veerteihn
quatorze

15

föffteihn
quinze

16

sössteihn
dezesseis

17

söventeihn
dezessete

18

achtteihn
dezoito

19

negenteihn
dezenove

20

twintig
vinte

100

hunnert
cem

1.000

dusend
mil

1.000.000

million
milhão

dat Engelsch

inglês

dat Amerikaansch Engelsch

inglês americano

dat Chineesch Mandarin

chinês mandarim

dat Hindi

hindi

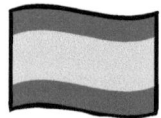

dat Spaansch

espanhol

dat Franzöösch

francês

dat Araabsch

árabe

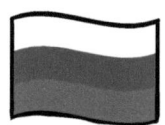

dat Rusch

russo

dat Portugiesch

português

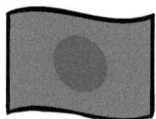

dat Bengaalsch

bengalês

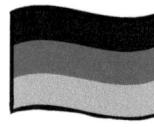

dat Düütsch

alemão

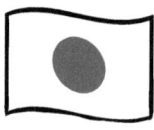

dat Japaansch

japonês

ik
eu

du
você

he / se / dat
ele / ela

wi
nós

ji
vocês

se
eles / elas

keen?
quem?

wat?
O quê?

woans?
como?

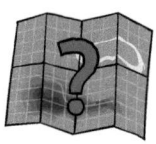

woneem?
onde?

wannehr?
Quando?

de Naam
nome

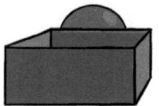

achter

atrás

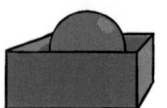

in

em

vör

na frente de

över

sobre

op

em cima

ünner

debaixo

blangen

do lado

twüschen

entre

de Oort

lugar